창조문학대표시인선· 232

아직도 못 다한 말

임갑빈 제 2시집

창조문학사

□ 시인의 말

그윽하게 꽃피는 정원을 꿈꾸며

"아픔 뒤에 성숙 해진다."라는 말이 바람결에 스쳐간다. 어느새 1년 반 만의 산고 끝에 옥동자를 얻은 듯, 어머니의 아픔을 읽을 수 있는 모성의 감성으로 나의 시 2집을 탄생하게 된다,

비록 짧은 시간이지만 나의 5계절을 보내며 눈앞에 변화무상(無常)한 자연의 아름다움과 변화난측(難測)한 인간의 희비애락을 실시간을 통하여 노트한 세월의 추억들을 토해낼 수 있는 기회가 한권의 시집으로 역어내게 되었다,

88편의 미숙한 시를 상재(上梓)하는 마음의 갈등이 파도같이 밀려오면서 망설이다가 혼자보기엔 "아직도 못다한 말"이 아쉬운 여운의 애드밸룬을 날리고 있기에 나눔을 위한 출판을 결심하게 되었다,

만약 나의 환경이 적도지역이나 상하(常夏)의 계절이 존재 했다면 작가의 시문학이 어떠했을까 하는 우문을 던져본다. 물론 그들 세계에도 낭만의 시가 있고 음악이 있고 노래가 있다. 그러나 우리에게 사계절이 있다는 것이 얼마나 다행한 일인가. 철따라 눈 내리고, 아지랑이 피어나며, 단풍이 그려낸 수채화가 신의 섭리에 따라 그 자연 속에서 훌륭한 시와 시인이 탄생하고 있음은 참으

로 기쁜 일이 아닐 수 없다. 이런 시경(詩境)에서 태어난 옛 시인들의 훌륭한 선시(仙詩)를 읽을 때면 저자는 행복한 시간에 잠긴다.

비록 늦은 감은 있으나 연륜을 잊고 시상(詩想)에서 영혼의 파라다이스를 건설해 보려한다, 뿐만 아니라 독자에게 이 마음 전해질 때 공유할 수 있는 카타리시스의 향기가 그윽하게 꽃피는 정원이 만들어 지기를 소원한다. 또한 어렵게 결정하는데 큰 도움을 주신 문학박사 홍문표 총장님의 시평(詩評)까지 감수(監修)해 주신데 대하여 감사의 말씀 드립니다.

- 을미년 정월(2015년) 청천(晴天)에

東泉 任 甲 彬 拜上

아직도 못 다한 말

임갑빈 제 2시집

| 차 례 |

제 3부 / 아이비 넝쿨

제 4부 / 한강대교

제 5부 / 어머니 음성

제 1부

아직도 못 다한 말

아직도 못 다한 말

그토록 기나긴 시간
그토록 아련한 세월
밤하늘 달님에게 말 하리라

마음 아프도록
가슴 저리도록
슬픈
그대에게 말 하리라

하얀 목련화 피고
노란 열매가 맺고
이제는 말 하리라 했는데

아직도 못다 한 말
가슴속 묻어둔
그 한마디
목메어 삼켜버린 그 목소리

달빛 꽃 사랑

봄바람 불어오는
4월의 달밤
창가에 들려준 귓속말

맑고 부드러운
그 음성
옛 이야기
옛 노래

환상의 소녀가
달빛 타고 와
꽃향기 달콤한 속삭임 같이

가득히 채워진
보름달은
갓 핀 봄꽃
한 아름 안겨준 사랑이었네

해와 달

한길을 가면서
영원한 숨바꼭질
신(神)의 주문 이였다

성격은 같아도
성질은 달라서
만날 수 없는 신의 약속

해님 얼굴은
뜨거운 마음인데
쳐다볼 수 없어
가까이 갈수 없지만
널 볼 수 있는 시간은
구름 속에 숨어 있을 동안
둥근 모습 이란 걸 알았지

달님은
천의 얼굴로
차가운 표정이지만
만나볼 수 있어 정감이 든다
꿈을 가진
계수나무 토끼 한 마리는
시인의 메카(mecca) 이기에

초승 달

높게 뜬 초승달
침실 창문에 스며들 때
잠자리 어슴푸레 밝혀주고

고요한 달빛에
님 그리워 가슴 설레면
잠을 멈추게 한다

어둠속 헤맨 방황
연민이 밀물처럼 밀려오고
어느새 베갯잇 눈물에 젖어
칠십년 세월 한이 서리는데

내 인생 읽어오는 순간
기쁨과 슬픔 기복의 세월
녹색 이파리 가랑잎 되어
바람 따라 물결 따라 흘러가면

어느새 깊어가는 밤
미소 띤 초승달
서산에 지고
회심에 젖은 노심은 단꿈을 꾼다

달 빛

차가운 얼굴로
언제나 냉정하던 네가
창문을 뚫고 몰래 들어와
잠든 나를 포옹하고 있었다

단꿈에서 깨어난
난
마치 화로(火爐) 불같은
너의 따스함을 느꼈다

보름 만에 나타나
미소 띤 얼굴로
눈썹 만 그리다가
만삭(滿朔)이 되면
부끄러워 몰래 숨던 너

언젠가
이런 말 하고 싶었지
“널 사랑 한다”고

반달

하늘이 높다

창공에 뜬
반달이
줄 없는 연(鳶)이다

서편에 기울면
이 마음
꽃 따러 간다

사랑이란

보이지 않고
모양도 없고
바람 같은 것

상상으로
느낌으로
그려 가는 것

들에 핀 야생화
정원에 핀 장미꽃
향기야 있고 없고
조건 없는 정을 나누면

꿈이 있고
희망이 있고
행복이 있다는
꿀맛 같은 것

칠푼이 사랑

연애시절의 추억
칠푼이 사랑 이야기로 촛불이 탄다

사랑은 미래의 거미집
허공에서 찾는 의 식 주(衣食住)
누구의 피눈물 인가
옛 이야기의 깊은 밤

역사 속에 묻힌
온달과 평강공주의 시련

사랑은 그렇게 이뤄간
황혼의 부부 이야기

촛불은 어둠을 태우고
별빛 흐르는 창가에
실루엣 그림자만이
빨갛게 익어간다

사모곡

닫혀진 문틈 사이로
은은한 애상곡
선율이 새여 나오는 밤

이름 모를 소프라노 음향이
별빛 밤하늘에 울려 퍼지고

아련한 봄 언덕
아지랑이 피어오르듯
애틋한 님 그리워하며
홀로 새운 밤
몇 해의 몸부림 이었나

들국화 향기 불어오던
가을은 가고
소식 없는 님 그리다가
하얗게 서리 앉은 망부석
애처로운 노래 소리에
쏠베이지는 울고 있네

바람

난 너를 볼 수가 없다
눈을 감아서가 아니고
넌 얼굴 없는 허깨비

창공을 나르다가
산을 넘고
초원의 들녘을 스치는
풀잎 나그네

향긋한 청 보리
익어 가면
너의 체온 불덩이
태양의 심부름꾼

하지만 난 네가 좋아
언젠가 먹구름 뒤덮던 날
지우개로 지워버린 화가소녀

사랑을 속삭이던 언덕에
살며시 간지럼 탄 들꽃들의 미소
넌 하얀 달빛 토해낸 밤을
여운 남긴 바람 이였지

비누

너를 볼 때 마다
몸을 태운
촛불 생각이 난다

아픔을 잊은 살 깎는 헌신
네 모양은 비계 덩어리
거품 속 너의 향
갓난아이 체취가 그 어머니의 하루

세균에 시달린 손
오염의 전장(戰場)에서
너의 희생으로 산화된
피비린내 난 상처들

지금
너와 나의 얼굴엔
정원에 핀 그윽한 가을꽃 밭

그림자

달빛에 우려낸
네 모습이
호수에 담겨진
물그림자 보다 선명하고나

가냘픈 몸매에 까칠한 모양이
겨우내 굶주린 노숙자 같이
처량하게 눈을 맞으며 서서
한 많은 세월을 보낸 침묵(沈默)

달빛 어린 밤
너를 만나 밟고만 갔다

봄이 오면
비를 맞으며
미소 짓는 얼굴

여름엔
풍만한 체구에 녹색 원피스
하얀 무 다리에 등 대고
그늘아래
땀을 씻어낸 바람

그런 너는 지금
앙상한 가로수 가지에
달빛이 새고 있는 슬픈 그림자

님은 가고

노랑저고리 빨강치마
댕기머리 처녀가
시집오던 날

백합꽃 향기
그윽이 풍겨주던 모습
선연(嬋娟)한데

어느덧
세월은
허리 꺾어놓고
아들 딸
행복의 날개 달아주었지만

우리만의 사랑은
어찌하라고
말없이
내 곁을 떠나버린 당신

아직도
당신의 체취
백합꽃 향기가
바람에 실려 옵니다

몰래 핀 란(蘭)

그토록 불러 보고 싶은
이름 '란'아
그리움에 핀 꽃이여

계곡물소리 들리는
바위등 뒤에 몰래 핀
초록스커트에 연보라 입술

정이월 잔설에 덮여
고난의 세월 보낸 뒤
봄이 오면
들꽃 친구 만나
옛이야기 나누며
수다 떨 너

잠시 외로움 잊고
봄이 지나면
낙화 되어
처량한 모습이 될 너

또다시
찬 서리 흰 눈 덮이면

나의 체온 녹이어
씨 뿌려 꽃 피우고 싶은 너

이 몸이 죽어
영혼이 저 멀리 있어도
내 앞에 지지 않는 꽃이 되어라

나무 연인

호숫가 푸른 솔잎
더벅머리 총각
갈색 새치 한잎 두잎
떨어지는데

호반에 늘어진 버들
금발머리 처녀
긴 머리칼 나붓 끼며
노란 카펫 잔디위에
어깨를 포갠 연인들처럼
밀어를 속삭이고 있다

칼바람은
사랑을 시샘하듯
옷깃을 벗기는데

겨울이 가면
따뜻한 봄볕 앉고서
옥색치마 입을 거야

봄의 향기

4월 바람 불어오면
대지는 연녹색 초원

노란 개나리 수다 떨고
하얀 목련 미소 짓고
연분홍 진달래 잔치 벌이면

먼 산 들녘에 핀
이름 모를 꽃동네
화폭에 수채화 그려 넣고

곱게 꽃단장한 얼굴들이
그윽한 향기 담아오면
깊은 사랑에 빠지지요

제 2부 너와 나의 계절

너와 나의 계절

산에
들에
너의 꿈 키워온
해맑은 연분홍 미소
봄을
가슴에 담고 싶어진다

넌 말없이 서서
자외선에 몸을 태운
붉은 립스틱 입술
여름을
가슴에 품고 싶어진다

넌 흔들림 없이
안개 속에 묻힌
향기로운 열매
가을을
가슴에 묻고 싶어진다

넌 속살 드러내며
삭풍에 찌긴
관능미의 조각상

겨울을
가슴에 안고 싶어진다

환절기

창문을 열면
햇살이 다르고
바람이 다르고
산이 다르다

눈을 뜨면
사람이 변하고
마음이 변하고
의상이 변한다

계절이 가면
꽃잎이 바뀌고
색깔이 바뀌고
입맛이 바뀐다

바람이 불면
하늘이 다르고
바다가 변하고
세상이 바뀐다

봄이 오는 소리

잔설(殘雪)이 발을 멈추며
단꿈에서 깨어난
매화(梅花) 꽃눈을 밟고 있다

아직
움켜쥔 겨울
기지개 켜는 꽃잎은
웅크린 몸짓하고

개나리
노란 꿈을 안고
봄이 오는 소리 들리는 듯
기침(起寢)하려 한다

뒤뜰 구석진 정원
빼빼마른 목련은
아직도 발가벗고 서서
눈을 비빈다

동백꽃 몽우리

파란 모자 쓰고
가지마다 매달려
울부짖는 꽃 몽우리

찬바람 눈송이
아픈 표정에
눈물 고였다

지난겨울
하얀 설의(雪衣) 덮고
죽은 듯 잠든 모습
애처롭다 했는데

포근한 햇살에
봄 처녀
얼굴에 연지 바르고
방긋 웃는 동백꽃이여

무명초(無名草)

돌 틈에 휜 허리
새끼손톱 이파리
널 알지 못 하네

눈 담요 걷어차고
살며시 웃어버린 너
아직 이름 모르네

입춘에 남아 얼룩진
하얀 눈보라 바람결
숨바꼭질 아기 눈
잠이 들어버렸네

포근한 햇살 앉고
아지랑이 봄 오면
빨간 입술 달고
너의 이름 지여 줄 거야

꽃눈이 날리던 날

가까이 보면 창백한 얼굴
연분홍 연지 바르고
꽃잎은 미소를 띤다

먼 산기슭 벚꽃
눈 더미 같은 흰 꽃송이
4월의
여왕 면사포 쓰던 날
바람결에 꽃눈 날리며
노래하던 신부

화창한 봄처녀
기쁨의 순간
축복의 꽃눈 받으며
너무나 짧은 시간

봄은
이렇게 사라져가는 모양이다

공원의 봄

반지꽃
진달래가
축대 사이로 모여 앉아
수다 떨고

벚꽃은 개나리 옆에서
목련은 나란히 줄서서
화환을 만들고 있다

초록 유니폼 원추리가
흙을 헤치며
웅알대드니

정자 마루에는
소주병 낮 잠들고
장기판 큰소리에 꽃이 놀랜다

서산에 두발 남짓
석양빛 산 그림자가
땅거미 질 무렵
벚꽃은 환한 얼굴 내민다

청 보리밭

4월의 푸른 언덕
초원에 부는 바람
청 보리 들녘
봄볕이 익어간다

청 보리 초원에
파도가 밀려오면
흰나비 떼 줄지어
웨이브 춤에 빠지고

청 보리 칼 이파리
풀피리 불 때면
정처 없이 떠다니던
흰 구름도
잠시 멈추어 듣고 간다

보리밭 한가운데
등대처럼 서있는 원두막
누우면
청 보리밭 하늘
초록빛 바다가 있다

5월이 오면

연녹색 움트는
5월이 오면
연민이 스쳐간다

북한산 기슭
연분홍 철쭉 수놓으면
뻐꾸기 숲속은
님 찾아 애달피 울고

아카시아 꽃향기
산바람 타고 내려오면
외딴집 창가에
소녀의 피아노 치는 소리 들린다

흩어진 구름
정처 없이 흘러가면
보헤미안의 낭만이 생각나는
5월의 파란하늘을 본다

장미 마을

6월의 마을은 붉다
집집마다
담을 탄
붉은 장미의 합창

창 너머 정원
주황 장미의 미소
가시철망 기어오른
노랑 장미의 춤
스위트 홈 천국이다

이슬 먹은 꽃잎
두 뺨 흐르는 눈물
면사포 쓴 신부가
시집(媤家) 가는 날
기쁨의 눈물 흐르듯
장미의 여름은
빨갛게 타 오른다

들꽃 핀 언덕에 서서

길 없는 숲 풀 속에
춤추는 벌 나비
꽃 찾아 유랑하면
풀냄새 꽃향기
보헤미안의 천국이다

들국화 코스모스 민들레
짙은 남색 나팔꽃이
기어 다니는
야생화 핀 언덕

꽃 잔치 가을날
잠자리도 초청받아
뮤지컬에 합주 한다

초대받은 관중은
언덕에 서서
햇살조명 받는
오케스트라에 홀린 듯
넋이 빠져있었다

홍시(紅柿)

색동무늬 원피스 벗은
속살 드러낸
감나무
겨울비 맞고 서서

계곡물 흐르는
비명소리
단풍든 낙엽
핏물 되어 흐른다

앙상한 가지 끝자락
삭풍불면 떨어질
목메어 우는
빨간 홍시 하나가

감나무 골짝에
까치들의 잔치 상
새벽은 야단법석 이다

단풍의 일생

짙은 화장에
화려한 의상
귀부인의 가을 외출

가까이 보면
주름진 노파
샤넬향수 코 찌르고

멀리서 보면
색동옷 처녀
산동네 잔치 벌린다

노년의 세월
만추의 얼굴
화려한 가을 여인이다

한 계절 사치로
황혼에 물들면
낙엽무덤에 잠든다

단풍이 그리워 질 때

산마루 불꽃 피면
가을이 오고
개울가 불씨 지면
가을은 간다

홍 단풍 청 단풍
얼룩진 산야
가을은 불타는데

석양빛 기울 때
창문을 뚫고
붉게 타는 수채화 보듯
가을을
그렇게 보낸 뒤

낙엽 지기 전
옛 친구 그리워
단풍 엽서
한 장 띄워 본다

가을은 꽃가마 타고

창문을 열면
내 곁에 다가와
속삭여 주던 갈바람
매미 사라지던 날
기러기 날고
귀뚜라미 소리 듣는다

초원에 들꽃 필 때면
들국화 향내 맡으며
벌 나비 춤바람 나고

산들바람 불어오면
붉은 치마 갈아입고
풋과일 익는 소리에
단풍잎 곱게 물 드려
꽃가마 타고
가을은 그렇게 시집 가버린다

떠날 때
목메어 울던 바람
비단옷 마님 모시고 가네

가을 호수

호반의 단풍
호수에 잠겨
그려낸 수채화

갈대 꽃
은물결
뭉게구름 떠가듯
하늘 닮은 호수에는
가을 햇살이 젖어있다

잔물결 너울대는
쟁반 호수엔
금붕어 왈츠에
스마트폰 촬영이 요란하다

잔디밭에
감색 빵모자
늙은 화가는
캔버스에 호수를 담고 있다

어느덧
석양빛 잠길 때
호수는 붉게 타고 있었다

겨울 바닷가 풍경

안개 자욱한 바다
썰물로 씻긴 바위섬
포구는 고깃배 잠들고
파도마저 잠 들었다

벼랑길 바위틈
죽은 듯 앙상한 나목이
몸부림치며 숙연히 봄을 기다리고

성벽아래
삼백년 노송(老松)은
역사의 아픔을 잊고
말없이 서있는데

포구에
밀물이
하얀 파도에 밀려오면
고깃배 꿈을 싣는다

겨울 기차여행

설원에
햇살이 눈부시게
쏟아지는 차 창밖

속살 드러낸 가로수
헝클어진 가지마다
유령의 머리칼 이다

뜰 건너 먼 산 아래
설매 타는 아이들
아련한 어린 시절
추억에 눈 감으며

하얀 설원에
그려가는 그림
그리운 친구에게
분홍엽서 띄워보고 싶다

겨울 나그네

검붉은 산 그림자
나태한 안개
짙게 머문 겨울바다

하늘도 바다도
한적한 새벽 해변은
혜성처럼 스치는
은하수 등불
뱃고동 파도 가른다

바람 불면
은파에 시달린 검은 섬
물 팡개 치는 바다

가면 쓴 수평선
발자국도 사라진
한적한 바다가 좋아
모래위에
쓸쓸히 걸어가는 겨울 나그네

겨울에 핀 꽃

메타 세콰이어 나무가
속살을 드러낸 관능미
설원에 늠름히 서서

겨울 햇살에 탄 구리 빛
가지마다 푸른 꿈꾸며
수줍은 듯 봄을 기다리는데

하얀 발자취 남기며
낭만의 눈꽃들처럼
빨갛게 노랗게
하얀 호숫가 잔디밭 거니는
정다운 70년 우정의 꽃이 피어있네

제 3부 아이비 넝쿨

아이비 넝쿨

담벼락에 붙은
너의 악착스러움이
삶의 진실을 남겼다

실핏줄 같은
가냘픈 몸으로
겨울암벽에 등반하는 너
인내를 배웠다

죽은 듯 고집부리며
더부살이 몇몇 해 인가
삶의 애착을 느꼈다

바람 불고 찬 서리 내려도
울타리 넘어
창가에 노래 소리 들으며
나 여기에 살리라

포인세티아

붉게 핀 너의 모양이
네 몸뚱아리와 똑 같구나

가을에 선보인 네가
추운겨울 날
붉은 입술로 뛰고 있었지

불그레한 얼굴이
마치 한겨울 추위에 떨고
방에 들어온
소년의 두 뺨 같구나

어디에서 왔는지
너를 알 수 없지만
피 끓는 겨울 나그네다

온 누리에 피어
마음을 전해주던
너의 꽃말을
화로(火爐)불이라 지어주고 싶고나

삶

슬픔과 기쁨의 파도
너울대는 바다
운명의 쪽배타고

사랑과 미움의 세월
흘러가는 구름
산 넘고 강을 건너

아픔과 고통의 시련
스쳐가는 바람
꽃잎은 떨어지고

인생과 인간의 모습
얼굴 없는 가면
선악의 장난 이었다

마음의 자유

흰 구름 하늘
붉은 초원
쪽빛 바다

붉고 푸른 공간
붉고 푸른 마음
가슴에 담아

창공에
산하에
뿌리고 싶다

세상은 무지개
마음은 모자이크
그려보다가

색깔이 있고 없고
모양이 있고 없고
마음은 지우개

더 크리스트(20)

희망과 절망의 기로에
미래의 선택은
당신의 만남 입니다

외롭고 가난한자
병들고 고단한
비운의 멍에를 쓴 사람
당신의 만남이 없기 때문입니다

햇살이 먹구름 뚫고
한줄기 빛을 쏟으면
소망의 기도가
당신의 만남을 인도하여
고난의 멍에를 벗겨줍니다

선악의 기로에 선
영혼이
길을 잃을 때
간절한 기도가
당신을 만나는 기적입니다

희망은 선택된 마음속에

절망은 마음의 선택에서
기로는 늘 그림자 입니다

더 크리스트(23)

파란 하늘에
흰 구름
양떼 몰고
초원 같은
하늘 멀리
정처 없이 가고 있어요

때로는
흩어지고
다시모여
쉬어 가는데

어디선가
"빈들에 마른풀같이
시들은 나의 영혼"
천사의 노래 소리

양떼 몰던 목동
빈 가슴 채우는
하늘이 그려낸 성화(聖畵)가
아가페 사랑 이었습니다

* 찬송가 183장에서 발췌한 시입니다
  믿음이 연약한 자의 고백을 그려 봅니다,

더 크리스트(28)

봄볕에
땅이 녹아
흙이 갈라졌다

구름 뚫고
터져 나온 햇살같이
눈 비비고
기지개 펴는 새 생명

한 톨의 밀알은
너의 기도
너의 헌신
당신의 선물입니다

여리고 여린
두 손바닥
빛과 바람타고
꽃으로
당신을 만나려합니다
이 생명 다할 때 까지

붓다의 기도

나(我)
숙명적으로 태어나
갈망과 애욕의 번뇌가
독버섯 자라듯 몸 안에

영혼과 육체가
탐욕의 싹이 움트면
인생은 고뇌의 시작

생명은 노사(老死)되어
생사와 열반하며
인생은 다시 윤회 하는

당신의 간절한 기도가
야욕의 껍질을 벗기는
"반야심경(般若波羅密多心經))이
심오한 최후의 불심인 것을....

8월의 성화(聖花)

뙤약볕 태양이 불을 뿜는다
가슴열고 자유를 외치는 함성
성화는 타고

피골이 상접한 가냘픈 몸매
자비(慈悲)의 깃발 든 군중
성화는 꽃 몽우리 되어

환란(患亂)과 핍박(逼迫)속에
횃불 든 무리

버려진 오물 마신
인내의 붉은 피
성화는 활짝 피었고

저편 하늘아래
광복의 메아리 소리에
성화는 눈망울 맺힌다

여름은 가고 가을이 오면
연밥 샤워꼭지에서
메마른 연못에 분수 뿜는다

은행(銀杏)나무

짙푸른 부채 이파리
한 여름 그늘
갓 입대한 훈련병 열병식같이
나란히 선 가로수

타오르는 8월의 태양
숨 막힌 가슴 마다
흐른 땀 씻어 내리고
여름은 그렇게 간다

노랑치마 금방울
황금빛 카-펫 깔면
천지가 황금물결
가을은 깊어 가는데

만추의 삭풍이
한 꺼풀 옷을 벗기면
나목은 검은 미라처럼 서있다

설중란(雪中蘭)

하얀 요람의 미소
봄을 기다리는 너
고독한 꿈

소나무 아래
겨우내 꿈꾸던 너
연두색 두 팔
기지개 켜고

하얀 움집 뛰쳐나온
녹색 손바닥 고깔모자
인형 같은
영아의 뒷모습이다

자외선 햇살에
눈부신 얼굴
옅은 분홍빛 두 빰이
하얀 침대에 누운
손녀딸 얼굴이다

한겨울 동면(冬眠)한 자궁
눈 담요 온기 뚫고

신비롭게 탄생한 네가
설 중 란

이것으로 행복을

상처로
외롭고
힘이 드는 삶

별들이 속삭이고
해와 달이
숨바꼭질 하며
구름타고 세월 보내면

어느새
황혼이 빨갛게 물든
강가에
갈대꽃 핍니다

여로의 별미
미식가 되어
미지의 바람 마시면
방랑자 낚시에 월척

이것으로
미로의 길 걸으며
가슴을 채우는
행복 또 있을까

노을 빛

붉은 하늘빛
물든
바다에
노을이 타고 있다

불꽃 핀 구름도
화염의 파도도
온갖 불태우며
섬 그림자마저 붉게 물 드리고

검은 것
푸른 것
하얀 것
빨갛게 타오르는 바다가
그저 아름답다

노을빛 스며든
이 가슴마저
태우고 간다

파도(波濤)

바람이 없어도
지진 일고 배고픈 때
파도가 밀려온 다

수평선 멀리
너울대며 밀려오는 파도
몹시 배가 고픈 모양이다

배고파 입 벌린 고래
허기진 상어 떼처럼
사나운 파도가
바다 전쟁을 일으킨다

호전적인 사내가
파도타기 즐기는데
어심은 생사의 뒤안길에 서있다

바다가 그리울 때
하늘빛 담은 수평선
잔잔한 물결은
배 띄워 노래 부른다

1 >10 의 이유

수학에 없는
1>10의 공식(公式)이다

마음보다
생각이 클 때
1>10 이다

이성보다
감정이 우세 할 때
1>10이다

장점보다
단점이 보일 때
1>10이다

선(善)보다
악(惡)이 강할 때
1>10이다

법(法)보다
주먹이 먼저일 때
1>10이다

이 공식
인간의 소유물이다

낙엽은 지고

비탈진 언덕에 자욱한 안개
짙게 휘감은 실개천을 감추고
아주 활기차게 들어내 보이지 않아
얼마나 암울한가!
가을은 겨울로 어렴풋이 물러간다

숲은 잎 지고 초원은 갈색으로 변해
멋있고 화려한 여름은 모두 사라져갔네
세월은 어찌나 빠르고 드센 운명을 추적하는지!
명상도 배회도 산산이 흩어지게 한다

오래 살아왔지만 허송세월 많이 살았고
한 뼘도 않 되는 짧은 인생이 얼마나 남아 있을지
그의 살아가는 오랜 모습이 어떻게 퇴색 되였고
찢긴 가슴에 잔인한 운명을 어찌 구속 하는가

우리가 정상에 오를 때 까지 얼마나 어리석고 악화 될지
고통스러웠고 어두웠고 약했고 쇠퇴할까!
가난한 사람이 살아야하는 것이 어떤 것을 위한 것인지
모든 것을 줄 수 있는 것으로써 삶에 가치를 갖지 못한다.

시 한수의 잉태

어찌하여 똑 같은 꽃이
향기가 있고 없고
색다른 꽃잎의 성품이
인성을 따르는 가

멋대로 말하는 시
자유가 풍부하다

의사전달의 시어가 저자의 꿈
독자의 가슴에 씨를 뿌린다

토질에 따라 진화된 결실
가을은 수확의 계절이 아니다
농심이 익은 열매가 수확이다

낚시 밥 담구고
한 송이 꽃을 피우기 위해
해와 달은 숨바꼭질 한다

서정시는 계절에 태어난 꽃 색갈이다
뭉게구름의 변태가
시의 흐름이다

문학의 소재

하늘에 구름
산에는 바위
들에는 꽃과 나비
바다에는 갈매기가 있다

백인에 주인이 있고
흑인에 노예가 있고
황인에 평화가 있고

사랑에 문학이 있고
빛깔에 시조가 있고
음악에 예술이 있고
전쟁에 소설이 있고

양지와 음지가 있고
전쟁과 평화가 있고
생명과 죽음이 있고
천당과 지옥이 있고

시인은
이것들을 가공하고
리듬과 은유로 페인트 칠 하는
글의 화가(畵家)이다

캠프 화이어

별들이 속삭이는 여름밤
바닷가 모래밭

솔잎 연기 보얗게 뿌려지면
타오르는 캠프 화이어
불꽃에 감자 익는 소리
우정의 합창 메아리 소리
파도 타고
어둠 속으로 사라져가네

별들이 빛나는 밤하늘
초승달 살며시 미소 띠우며
노래실고 서편에 질 때면

잠시 멈춘 관광열차
해변에 긴 소나무 숲
반짝이는 호롱불 캠프엔
연인들 속삭임 밤을 지새우네

노락(老樂)

인생 황혼 깃들면
희비의 추억이
무지개 그려낸다

푸른 잎이
꽃피던 날
별빛 없어도
태양만을 보며 뛰었다

백발이 나부낄 때
도토리묵 주름살
얼굴에는
고희의 나이테 싸놓고

자비심 더해(+)
이기심 빼고(-)
봉사하는 마음 배가하여(×)
사랑을 나누면(%)
노락(老樂)이 아니던가

제 4부 한강대교

한강대교

눈부시게 반짝이는 은물결
회색빛 아취 다리 아래
하늘 따라 파랗게 춤추고
하늘 따라 암갈색 물결이 흐르는 강

부러진 척추의 아픈 상처
종이배 실어 흘려보낸
6.25의 비애 다리

지금
생존의 아우성
일개미 떼 행렬
기적을 낳은 한강이다

서강에 노을 질 무렵
백합 꽃송이 가로등
미라보 다리에 비련의 눈을 녹이고

별빛만 고요히
강물에 젖은 밤
하늘 따라
사랑 따라
걷고 싶은 그 다리

서울의 거리

높고 낮은 빌딩 숲
마천루
한 뼘 마당
석조물 경비가 서있다

소프트웨어 조형물
하드웨어 조각품
심오한 뜻 품은
망부석 같은

고차원의 아리송한
기형의 동상 따위들이
도심 미화요
건물 상징이다

수없는 시선들이
풀리지 않는 자태를
예술 미(美)로
승화 시키지 못하고
오늘도 만나야하는 혼란의 거리

서울의 여명(黎明)

가로등 불빛 담긴
잔잔한 한강 은물결
너울대며 흐른다

도심을 꿰뚫는 두더지 굴
위대한 희망의 꿈 실은
철마는 새벽을 달린다

배낭 맨 중년 산악인
가방 든 젊은 직장인
목욕탕 가는 백발노인
새벽 지하철의 정경이 아름답다

잠에서 깨여난 도심
굴뚝마다
뿌연 김이 하품 하며
활력 있는
서울의 여명은 밝아온다

도시 개발

녹색 원피스 의상
회색 하이힐 걸음마
우산 없이 비에 젖는다

후줄근하게 붙어버린 속살
운무가 씻겨간 뒤
주황빛 하혈을 시작 한다
토사는 무릎을 덮치고

만삭의 여인
녹색 망사에 속살이 삐진
허리에 붉게 핀 꽃무늬
명인의 땀이 배여난 수 솜씨
장인(匠人)의 디자인이 다채로워

도시는 숲속을 덮치고
이렇게

어깨위로 뜬 여명
녹색여인의 긴 실루엣
하얀 커튼에 스며들면
향긋한 모닝커피의 속삭임

창밖
매미의 한낮 코러스
고막을 찢고 있을 때
한강에 던지고 싶은 시선

초가을 소요산(逍遙山)

북쪽 하늘 아래
태산
땀에 젖은 녹색 원피스

노랑머리 염색
붉은 리본
수놓은 옥색치마 아낙네
안개 속에 사뿐히 걸어서온다

먼 옛날
요석공주 원효대사
밀어를 속삭이던 숲
계곡물에 전설 흘러내리고

산기슭 하얀 집
6.25 전쟁 상흔(傷痕)이
빛바랜 아픈 추억을 남긴
시화(詩畵)의 슬픈 옛 이야기들

옥색 하늘
이름 모를 산새들
노래하는 소요산(逍遙山) 숲이
수채화 가을을 그려간다

땅 끝 마을

꼬부랑길 따라
파란하늘 흰 구름

쪽빛 바다
초록빛이 검푸른 먼 섬
끝 아닌 끝

산하는 옹기종기
눈앞에 점선으로 그려 놓고

사이 길 하얀 여객선
이정표 없는 거리
너울대는 파도가 눈부시다

땅 끝 바다
역사의 유배지 뱃길
석양빛 잠길 때
해무는 하얗게 피어 오른다

명사십리 해변

완도 섬의 북동쪽
빨간 신지교를 지나
5.6분 거리

파도가 잠든
명사십리 해변

달빛 흐르고
별이 소근 거리는 밤
파도는 온화한 마님의 이야기

한적한 백사장
파도무늬 숭어비늘이다

달포가 지나면
뜨거운 백사장에
뜨겁게 사랑의 발자국 남길
해변의 연인들

나 이곳에
한적한 달빛 쏘이며
고독한 흔적 모래위에 그려놓고 싶다

내일은
낙조에 우는 파도소리를 듣고 싶다

보길도 섬

땅 끝 마을 포구
35분의 바닷길
하얀 포물선 그어간다

인적이 끊긴 듯
검은 그림자 섬엔 갈매기 반긴다

숲을 지나 고개 너머
옹기종기 모인 빨간 양철지붕
한적한 마을은
6월의 태양이 이글거리고

해풍은 열기를 품으며
사백년 흐름을 지켜온
"어부사시사" 시경의 보길도

고산 윤선도의 풍류
오늘도 그 바람 불어 온다

녹차 밭

푸른 하늘만큼이나
파란 녹차 밭
산허리에 물결 인다

너울대는 파도
산바람 타고
녹향은 고개를 넘는다

장다리 삼나무 편백나무
하늘 찌르듯 서서
행여나 비바람 막으려 나

잔물결 넘실대는
초록바다는
늘 청춘이다

수초 따는 해녀 같이
대바구니 아낙네
엽차 한 아름 담아
볶아서 비비고 말려서
향기로운 녹차를 탄생 시킨다

바람 없어도
언제나 물결 춤추며
늘 파도치는 초록바다
보성은 보물을 간직 한다

다도해(多島海)

우유 빛 해무(海霧)는
바위섬을 묻어놓고
하얀 파도는
무인도를 삼키려는 듯
장난하고 있다

파란 하늘빛이
수심을 깊게 파놓고
하늘빛 따라
변덕부리는 바다 다도해

옹기종기 모인 섬
건너 뛰어가고 싶다
걸어가고 싶다

유배의 뱃길
역사의 노도(怒濤)는
지금도 말해주는 듯
하얗게 토해내고 있다

계족산(鷄足山)

대전역 북동쪽 30여분
닭발 모양의 숲이
여름을 맞는다

녹색이 숨 쉬는 산
굽이굽이 황토길 걸으며
옛 친구 옛 이야기

주황색 부드러운 실크로드
정상까지 맨발로 가는 길
천사의 선물 힐링 마운틴

우거진 숲속의 옛 성터
봉화는 사라지고
세월의 이끼로 덮인 채
백제의 천년역사 토 한다

계족산 숲속의 산새처럼
그늘진
벤치에 앉아 조잘대는
오래만의 옛 친구 이야기 듣는다

불국사(佛國寺)

녹색 짙은 숲
산새들 속삭임
토함산 적막을 깨고

천년예술 종소리
산골짝 울려 퍼지는 저녁노을
공양미 연기 하늘 가린다

대웅전 앞마당
다보탑 석가탑
자하문 돌계단 석양그림자
상처 난 고목들의 증인
서라벌 영혼 간직한 채

지구를 돌아온 흔적
신라의 장엄한 세계유산
침묵의 역사 불국사

떠오르는 초승달
비로자나불 입가에 자비로운 미소
천년세월 흐른 다

석굴암(石窟庵)

구비 구비 꼬부랑길
숲속의 천국
붓다의 잔잔한 미소
자비심 깃든 얼굴

십일면관음보살상
선녀의 미모
생동감의 각선미
천사가 서있는 환상

여명이 트면
자비의 얼굴에
햇살의 잔물결 너울대는
신라 예술의 극치

숲속의 가을바람
불어올 때면
나뭇잎 하늘 보며
긴 세월 흘러온 역사를 읽는다,

안동(安東)땅

뭉게구름 둥실둥실
가을 안동 하늘

강변 코스모스
바람 타고 흔들흔들

강물 살랑살랑
해학의 도시

하회 양반탈 너털너털
웃는 모습 엔돌핀 생산

안동특식
헛 제사 밥 줄 잇는다

3성(姓) 안동본관
권(權) 김(金) 장(張)씨 아웅다웅
대대손손 뿌리내린 땅.

담양(潭陽)에서

6월의 햇살
메타세콰이어 가로수는
연녹색 잎이 가파르게 숨을 쉬며
멍든 세월
초여름 하늘 덮어가고

죽녹원(竹綠園) 대밭
미로의 숲길
바람에 댓잎 피리소리 들려온다

대바구니 떡갈비
통소 사랑노래 들으며
죽부인과 여름나기 한다면
이런 신선이 또 어디 있으랴

죽공예의 명소
예술문화가 깃든 곳
지친 여로(旅路)에서
먹물로 그려낸 대나무 숲은
추억을 말하리라

법성 포구

썰물로 씻긴 바다
흙 갈색 갯벌
괭이갈매기
창공을 맴돌다
갯벌에 앉는다

바다를 내려다본
포구마을은
집집마다 빨래 널듯
엮어간 금빛 조기
자외선은 굴비를 굽고 있다

어린 시절 한 여름
물 마른 보리밥에
고추장 굴비 한 첨
어머님 손맛이
향수가 느껴진 다

제 5부 어머니 음성

어머니 음성

늘 푸르던 소나무
어머님 모습
계곡 흐르던 물소리
어머님 음성

당신의 향기는
송화가 피어날 때
정화된 숲속의
싱그러운 산소(酸素) 였습니다

무심한 세월은
푸르다가 희고
흐르다가 마른
갈대꽃 핀 개울가 모래밭

이제 봄은 가고
여름이 오면
장마 비 소리
어머님 목소리

수퍼 문

한가위 보름달
유난히 밝은 슈퍼 문

서늘한 밤기운
옷 속을 파고들 무렵
나무숲에 숨어있던 달
어느새 비켜 앉아
중천에 떠올라 있네

후원의 장독대
정화수 바치고
합장하고 서있는 어머니
당신의 염원이
가족의 안위였던
가슴속 깊이 간직한 비원(悲願)
나 더는 알 수 없네

상념이 가슴을 헤매며
당신만이 알고
보름달만이 알고 있으련만

매달 한번씩

떠오르는 달님은
어찌 더 크고 둥근 얼굴로
이 가슴 태우고 지려 하는가

복분자술과 장어

나
여기 먼 곳에
못 잊을 추억

산 넘어 파란하늘
가을바람 불면
그리운 곳

해마다
잊지 못하고
첫사랑 그리워하듯
애태우던 그 맛

언덕 넘으면
가까운 숲속에
빨간 외딴집 있건만

멀리 찾아온
그물 친 강 어구
고창 장어 집

잊지 않은 미소

주인마님의 상술이
복분자 만큼 순하고 달다

주인아저씨의 가위소리
적세 위에 장어 익는 소리
감미로운 추억이 떠오른다

쑥 개떡

이른 봄 강가에
파릇파릇 얼룩진 숨결
칼끝에 담긴 대 소쿠리
아낙네 봄나들이 홍겹다

서산에 햇살 시들은
저녁노을
된장국 쑥 향 피어오를 때

볼품없는
쑥 개떡 한 접시
감쪽같이 사라진
목저(木箸)의 난(亂)

원탁의 봄은
가족사랑
모락모락 피어나는
해피 세레나데

참외서리

밤이 오면 좋다
비가 오면 더욱 좋다
한여름 별빛마저 숨어버린
칠흑 같은 밤

원두막 주인영감 단꿈에 젖을 무렵
언덕 넘어 나룻배
노 젓는 서리꾼
모래위에 발자국 그려간다

학교 갔다 올 때 엿보던 참외 밭
혐오스런 무늬 개구리참외는 맛이 좋아
서리 1순위 대상이다

참외 향기 코를 뚫으면
어느새 포대자루 채워진 기쁨
콧노래 합창 소리에 맞춰
백마강 물에 씻긴 다

사랑방 참외 파티는
기다려지는 토요일 밤의 즐거움
서리를 재미로 하던 학창시절

추억이 그리워진 회상이
개구쟁이 시절의 용서를 빌고 싶다.

그리운 친구

코스모스 붉게 핀
도랑가
잠자리 떼 춤추면 그리운 친구

개구쟁이 코흘리개
바지랑대 타고 골목 휩쓸던 시절

초승달 띄운 밤
너의 미소 그리운 하늘
울타리 주황빛 감 물들면
아련히 떠오르는 너와 나의 추억

삶이 고달픈 젊은 날
우정을 잊고 산 시간
이제와 후회한들 무었하랴?

추억은 행복을 만든 친구이라면
세월은 그리움 남긴 겨울이라네

비몽사몽

한 친구 밤늦은
내일 약속
또 한 친구
오늘약속
비몽사몽간 눈 비비고
여명이 트는 하늘을 본다,

이 친구 저 친구
추억의 회포 풀던 날
술 머리 깨진 다

이리 갈까 저리 갈까
밤 문자 산으로 가자
또 하나의 문자 술 약속이다

선택의 날
산은 죽어서도 갈 수 있고
술은 살아서 만남의 기회다
새벽길 떠나는 창공에
기러기 우는소리가 들려온다

노년의 동창회

열아홉
까마득한 학창시절
파도처럼 밀려온다

금성산 교정에
지저귀던 산새들

어느 갈바람 부는 날
갈대밭 코러스 들려오는 강 언덕에서
백발의 잔치
도란도란 옛 이야기 토해놓는다

가슴에 묻은 향수
술잔을 기우리며
오늘 하루만이라도
그렇게
산새들은 울고 싶어 하듯

주름진 홍안은 너와나의 거울
마주보는 시간
얼마나 남아 몇 번을 만날지
고장 난 시계처럼 멈춰주길 바라는
즐겁고 슬픈 노년 동창회

전원(田園) 일기

푸르름 가득한 6월
산기슭 기와집 마당에
수령이 불혹을 넘긴
플라타너스, 그늘은 멍석 깔아놓고

앵두나무 포도넝쿨
꽃이 싹눈 터져 나온 울타리 밑
상추 쑥갓 풋고추 돌미나리
풋 냄새 향 토해낸다

갓 따온
풋고추 상추쌈 어머니 된장 맛
맞바람 게눈 감춘 전원의 가든파티

숲속
산새들 노래에
식곤증 낮잠 코 고는 소리

어느새
서산에 해는 지고
풀벌레 우는 세레나데는
윷놀이 잔돈에

눈 어린 밤을
촛불은 하얗게 타고 있었네

골목길

얼룩진 감잎
하늘 가리고
담 넘어
줄줄이 풋대추
붉게 기미 끼었네

능소화 시들어진 골목길
노란 천상화 향기
연보라 달리아 미소
꽈리 열매 귀고리
붉고 안스러운 입술
요조숙녀다

골목길
대추나무
색 전등 달아 놓은 듯
익어가는 대추의 계절이
태엽 풀린 시계처럼
가을아 멈추어 다오

강강 수 월래

어제는 초승달
검은 치마 하얀 저고리
계집 아이 손에 손을 잡고

오늘은 반달
파란 콩 붉은 팥
은쟁반 쑥 송편 찌어 먹고

내일은 보름달
댕기머리 시골 처녀
둥글 게 둥글 게 엮어지면

달빛어린 잔디밭
동그라미 그림자
강강 수 월래

그때 그 시절

검은 모자에 검정교복
사춘기 여드름 꽃핀
털복숭아 얼굴

호크를 풀고 어깨에 힘주던
포켓엔 태권도 빼지
큰소리 위력이 웃음을 멈추고

섹스피어의 “로미오와 줄리엣”
팔짱에 낀 한권의 책
여학생 시선을 끌던
가면극 이였지

그때 그 시절
빛바랜 사진
한 장의 추억이
지금
내 가슴 설레고 있다

조약돌

파도에 밀린 조약돌
모양과 무늬의 신비
밤하늘 별 같이
자잘 대는 해변

천태만상의 다민족
평화를 누린
지상천국 이다

바닷가 모래알
수 만년 깎아낸 대패 밥
아직도 미완성의 조각
발자취만 그려낸 세월

파도는 사나운 성품
섬세한 인내로 다듬어온
예술품의 조각가

위안부

빼에 사무친 잔영
되살아난 악의 추억
아직 못 다한 말
반짝이는 별들에게 말 하리

영문도 모르는 채
구겨진 연분홍 보자기 묶듯
흙먼지 뒤덮인 낡은 트럭에
천진난만한 조선의 소녀들
정처 없이 구름은 사라져 갔다

산 너머 바다건너 미지의 땅
적도의 뜨거운 이방인
곱게 물 드린 보자기 풀어버린
배고픈 이리떼 먹이 사슬
제국은 아시아 정복을 꿈꾸었다

먼 이국땅 미로를 헤맨 영혼
까맣게 타버린 하얀 가슴
긴 세월 깊이 새겨진 한(恨)
슬픈 아기사슴의 옛이야기
아직도 못 다한 말 있으리라

고란초(皐蘭草)

절벽에 더부살이
양지보다 음지에
손닿지 않은 곳

바위틈 한줌의 흙
비바람에 핥긴
청초한 보금자리

2cm의 작은 잎
점박이 줄무늬는
숨어서
나이를 세고 있다

낙화암 모퉁이
고란사 후원에
백제 혼 앉고서

나 여기
천년 이슬 마시며
연명한 고란초
백마강 언저리에서
달빛에 살고 있다

서오릉(西五陵)

숲속
다람쥐 와 청설모가
도토리 사냥하며
날고 긴다

가끔
토실토실한 밤
주어올 때 면
기쁨에 찬
어린아이

참나무 밤나무 그늘
다람쥐들의 생존경쟁
청설모들의 놀이터

소나무 숲속
황갈색 덮은 잔디
기구한 운명의 장희빈 능
햇살은 역사를 쓰고

깊어가는 가을
과거와 현재의 희비가 엉킨
서오릉 숲속엔 산새들이 울고 있다

시집해설

풍요로운 삶의 시학

- 임갑빈 시집 『아직도 못 다한 말』 -

□ 해설

풍요로운 삶의 시학

- 임갑빈 시집 『아직도 못 다한 말』 -

홍 문 표

시인 · 평론가 · 문학박사 · 전 오산대학교 총장

임갑빈 시인이 두 번째 시집 『아직도 못 다한 말』을 상재하게 되었다. 첫 시집 『세월이 남긴 것들』을 낸 것이 2년 전인데 또 시집을 내게 된 것이다. 요즘처럼 각박한 시대, 시를 사랑하고 문학을 좋아한다는 것만으로도 반갑고 대견한 일인데 늦게 시인으로 등단하면서 연거푸 시집을 내는 열정을 보면서 앞으로 더욱 성장하게 될 시인에 대한 기대와 이번에 발간하는 시집에 대하여 아낌없는 찬사를 보내는 바이다.

임 시인은 원래 영문학을 전공했기에 문학과 무관한 것은 아니었다. 그러나 젊어서는 주로 국제 무역 업무에 종사하였고 인생 후반기에 들어서자 그 동안 미완으로 남겼던 시인의 꿈을 다시 잡고는 이제 본격적인 창작에 몰두하게 된 것이다. 한 때는 시인이라면 사랑과 열정이 넘치는 청춘의 산물 정도로 생각했다. 사실 우리문학사를 보더라도 신문학 초기의 시인들은 거의가 20대 전후의 연배들이었다. 세계적인 시인들을 보아도 그들이 명작을 남긴 연대는 역시 젊은 시절이었다. 그래서 시라면 의례히 젊음과 사랑과 열정의 문학이라는 생각들을 하게 되는 것이다.

그러나 시대가 변하고 인생도 변하듯이 시의 문화도 변하였다. 사실 이십대 시인설은 우리에겐 개화계몽기적 분위기도 있었지만 그것은 주로 19세기 낭만주의적 사조와 유관하다. 몽환과 환상을 추구하던 낭만주의적 사고는 젊은이들의 열정을 요구했다. 그러나 그것은 낭만주의적 문화양식일 뿐이었으며 고전주의 시대나 여타의 시대에는 시는 인생의 연대와 무관하게 고상한 교양과 지성을 존중하는 모든 세대들의 공통된 덕목이었다. 과거 군자라면 시서예악(詩書禮樂)이 필수적이었다. 시가 군자의 필수덕목이었던 것이다. 품격 있는 양반들은 시회(詩會)를 즐겼고 선비라면 마땅히 시화집(詩話集) 한 권쯤은 남길 수 있어야 했다. 그만큼 과거 지식인들은 자신의 전문적인 분야와 관계없이 모두가 시를 즐겼던 것이다. 어째서일까. 시는 단지 시적 상상력이 뛰어난 어떤 시인들의 전유물이 아니라 만인 공유의 인문학이라는 생각이었기 때문이다. 인간이 어떻게 살 것인가. 보다 아름답고 풍요로운 삶이 무엇인가를 생각하는 사람이라면 어느 시대 어느 계층이나 시를 사랑했고 시를 쓰는 문화를 자랑스럽게 생각했던 것이다.

도대체 시가 무엇이기에 그렇게 인간들은 시를 좋아하는 것인가. 시를 포에트리(poetry)라고 하는데 이는 만들다, 창조한다는 뜻이다. 말하자면 기존의 것에 안주하지 않고 끊임없이 인생은 무엇이며, 사물의 본질은 무엇인가를 새롭게 발견하고, 새롭게 만들어 간다는 말이다. 반면 산문은 프로스(prose)라고 했는데 이는 이미 있는 기존의 것을 가지고 논의한다는 것이다. 따라서 산문은 기존의 세계에 안주하는 문장이라면 시는 늘 기존의 것에서 벗어나 새 하늘과 새 땅을 창조해가는 무한한 인간의 정신적 도전과 탐색의 삶이 되는 것이다.

더러는 아직도 시라면 현실 도피니, 음풍농월(吟風弄月)이니 하면서 세상 물정 모르는 여름날의 베짱이 정도로 생각하는데 이는 모두 자본주의, 기술주의, 물신주의 바다에 빠져버린 현대인들의 속물적 발상에 불과한 것이다.

국가경쟁력은 세계 10위권이라고 자랑들을 하는데 행복지수는 최하위, 오히려 방글라데시 같은 나라가 훨씬 행복하게 산다는 말은 무엇을 말하는 것인가. 출세와 성공과 부에 목숨 건 현대인들의 생존경쟁이니 무한경쟁이니 하는 그러한 구호 속에 인간들은 가장 소중한 것을 상실해가고 있는 것이다. 클라인 바움은 이런 세상을 죽은 시인의 사회라고 했다. 별주부전을 보면 용궁의 자라가 토끼에게 간을 주면 용궁에서 호의호식하도록 하겠다고 유혹한다. 오늘의 인간들에게 팽배된 물질적이고 육신적이고 현세적인 유혹도 바로 토끼의 간을 요구하는 자라의 달콤한 손짓과 다를 바 없다. 그런데 오늘의 속물들과 달리 영리한 토끼는 자라의 제안을 거절하고 산천경개 아름다운 자연 속에서 자신의 정체성인 간을 지키며 자유롭고 행복하게 산다. 그것이 바로 시인정신이고 시가 추구하는 창조정신이다.

인생을 어떻게 살 것인가. 아니 노후의 삶을 어떻게 보낼 것인가. 어느 경제학가자 한국의 자본주의를 천민자본주의로 규정한 바 있다. 개처럼 벌어서 개처럼 쓰며

사는 천박한 세태를 말한 것이다. 천사처럼 벌어서 천사처럼 쓰면 더 할 나위 없는 것이지만 비록 개처럼 벌었더라도 천사처럼 쓰며 산다면 얼마나 아름답고 행복한 일인가.

이 혼탁한 세상에 시인이란 무엇인가. 세상물정 모르는 무력한 존재들인가. 천만의 말씀이다. 시인은 인간에게 주어진 단 한 번 이 땅에 주어진 그 소중한 삶을 천박하게 살지 않고 천사처럼 아름답고 값있게 살겠다는 사람들이다.

이런 생각들을 하면서 필자는 이번 임갑빈 시인의 두 번째 시집 『아직도 못 다 한 말』을 만나게 된 것을 무척 기쁘게 생각한다.

시인은 이번 시집을 내면서 그의 서문에 "나의 5계절을 보내며 눈앞에 변화무쌍한 자연의 아름다움과 변화난측한 희비애락을 실시간을 통하여 노트한 세월의 추억들을 토해"내는 작업이라고 하였다. 이 말에는 두 가지 큰 테마가 있다. 하나는 변화무쌍한 자연이고 다른 하나는 변화난측한 인간이다. 결국 이 시인이 가장 관심을 갖는 것은 우리가 살고 있는 삶의 바탕이 되는 자연공간과 시간이다. 그리고 그러한 시간과 공간 속에서 순간순간을 호흡하며 살아가는 인간이라는 존재에 대한 시인 나름의 시적관심이다.

이러한 임 시인의 세계 인식 태도는 사실은 인간이면 누구나 갖는 극히 일반적인 생각이라고 할 수 있다. 그렇다면 시인과 일반인의 변별성이 무엇인가. 시인이나 일반인이나 모두가 살아가는 데는 자연이 있고, 인간이 있다. 그런데 시인과 일반인과는 근본적으로 다른 점이 있다. 그것이 무엇인가. 일반인은 날마다 경험하는 자연이나 인간에 대하여 늘 그래왔듯이 특별한 생각이나 느낌이 없이 살아간다. 자연 속에서 인간 속에서 흘러가는 대로 물결치는 대로 그 속에 묻혀 살아가는 것이다. 그런데 시인은 다르다. 시인은 자연과 인간 속에서 살고는 있지만, 자연과 인간 안에 갇혀 사는 것이 아니라 때로는 자연이나 인간을 벗어나 자연과 인생을 응시하고 관조하며 자연과 인간에 대한 의미와 느낌을 새롭게 발견하고 즐기는 자가 된다. 이를 보는 자와 보여 지는 자의 차이라고도 말한다. 신은 인간을 본다. 그러나 인간은 신을 볼 수 없다. 인간은 신에게 늘 보여 지는 자다. 일반인들은 모두가 보여 지는 자로 살아간다. 능동적으로 보는 자의 삶이 아니다. 수동적인 보여 지는 자의 삶이다. 그래서 일반 사람들은 앞서가지 못한다. 모두가 가는 넓은 길로 대중들과 어울려 보여 지는 자로 살아가는 것이다. 그러나 시인은 보여 지는 자의 삶에서 신처럼 자연과 세상을 새롭게 바라보는 자로 산다.

그리하여 자연에 대하여 인생에 대하여 새로운 정의를 내리고 새로운 비전과 예언을 말하게 된다. 따라서 우리가 한편의 시를 읽는다는 것은 한 시인이 어떻게 일반의 무리들을 벗어나 새롭게 자연과 인생에 대하여 새로운 것을 발견하고 정의를 내리고 예언을 했나를 살피는 일이기도 하다.

그렇다면 임시인은 이번 시집에서 일상의 자연과 인생을 얼마나 벗어나 거리를 갖고 새롭게 응시했는지를 살피는 것이 이번 시집에 대한 우리들의 기대가 될 것이다.

임시인은 이번 시집 『아직도 못 다한 말』에 80여편의 작품을 수록하였다. 그런데 이들 작품의 주제나 소재를 보면 가장 많은 관심이 자연과 인간에 대한 노래다. 자연은 인간의 무대이고, 인간의 생존환경이다. 아니 인간도 자연의 일부다. 그러니 인간과 자연은 운명적인 공생관계다. 그래서 시인들은 인간과 자연을 필수 불가결의 주제나 소재로 삼는다. 그야 시인이 아니더라도 인생과 자연은 모두의 관심이 된다. 다만 다른 점이 있다면 시인과 일반인은 인생에 대하여 그리고 자연에 대하여 보는 관점이 다르고 그것을 해석하는 내용이 다르다고 하였다. 그것은 시인 간에도 그렇다. 어느 시인이나 시인들의 작품 소재는 결국 인간이나 자연이다. 그런데 시인 간에도 인간이나 자연을 보는 관점이 다르고 그가 발견한 세계가 다르고 이를 드러낸 표현방법이 각각 다르다. 여기에 시의 변별성이 있고 시를 읽는 묘미가 있고, 시를 좋아하는 이유가 있다. 왜냐하면 같은 인간과 자연의 노래라 할지라도 시인마다 인생과 자연에서 발견한 세계가 천차만별일 뿐만 아니라 그 세계는 일반인들로서는 도저히 도달 할 수 없고 발견할 수 없는 새로운 세계이기 때문이다. 그러기에 일반인들은 시를 보고 놀라움과 감동과 깨달음을 갖는 것이며 시를 읽는 것만으로도 행복감을 느끼게 되는 것이다.

그렇다면 임시인은 이번 시집을 통해 인간과 자연에서 무엇을 발견했고 그러한 발견을 통해 우리들에게 보여주는 새로운 세계는 무엇인가.

그 첫째는 '제 1부 아직도 못 다한 말'에서 찾아볼 수 있다. 임시인은 이번 시집 제목을 "아직도 못 다한 말"이라고 하였다. 이번 시집에 수록된 시 작품 "아직도 못 다한 말"을 시집의 제목으로 한 것을 보면 분명 이 작품은 이번 시집에서 특별한 시인의 관심과 비중이 있는 것임을 짐작하게 한다. 그렇다면 이 작품 전문을 보자.

그토록 기나긴 시간
그토록 아련한 세월
밤하늘 달님에게 말 하리라

마음 아프도록
가슴 저리도록
슬픈
그대에게 말 하리라

하얀 목련화 피고
노란 열매가 맺고
이제는 말 하리라 했는데

아직도 못다 한 말
가슴속 묻어둔
그 한마디
목메어 삼켜버린 그 목소리

-「아직도 못 다한 말」

이 시는 시적 화자인 시인이 누구에겐가 속 시원히 자신의 진심을 말하고 싶은데 아직도 그 한 마디, 그 목소리를 그에게 전하지 못했다는 안타까움을 절절하게 노래하고 있는 내용이다.

도대체 누구에게 무엇을 말하고 싶었는데 아직도 못 한 것일까. 말을 한다는 것은 누구라는 대상에게 자신의 생각이나 의도를 드러내는 것이다. 인간은 자신의 생각과 뜻을 드러내는 언어와 문자가 있기 때문에 생각을 말로 드러내기만 하면 되는 것이다. 그런데 이 시인은 아직도 가슴에 묻어둔 그 한마디를 전하지 못했다는 것이다. 여기에 이 작품을 통한 시인의 고통스런 문제의식이 있고, 그가 아직도 전하지 못한 그 한마디의 진실에 대한 연민을 갖게 되는 것이다.

신을 거역한 인간의 최대무기는 바로 언어다. 언어야말로 인간이 신에게 도전할 수 있는 전가의 보도다. 인문주의니 근대정신이 하는 모더니즘의 우상이 바로 언어는 모든 것을 표현 할 수 있고, 그래서 진리는 언어를 통해서 들어낼 수 있고, 그래서 세상 사람들은 언어 만능주의적 사고를 갖게 되었다. 그러나 시인이 시를 쓰다 보면 언어란 얼마나 불완전한 것인가를 알게 된다. 마음 속에는 무수한 감정이 요동치는데 그 섬세한 감정을 적절히 드러낼만한 사전적인 언어는 많지가 않다. 사물들을 보면 그 내면에 무수한 세계가 보이는데 그에 맞는 언어를 모두 사전에 준비하고 있는 것이 아니다. 그런데도 세상 사람들은 언어가 인간의 세상이나 감정을 잘 드러낼 수 있는 만병통치의 명약으로 착각하고 있는 것이다. 그렇다면 임 시인이 아직도 못 다 한말은 바로 이러한 언어의 불완전성에 대한 근본적인 안타까움의 고백일까.

아니면 범박하게 짝사랑하던 연인에게 끝내 사랑한다

고 고백하지 못한 말일까. 그도 아니면 아직도 자신을 오해하고 있는 누구에게 자신의 진심을 전하지 못한 것에 대한 안타까움일까. “아직도 못 다 한 말”이 이렇게 많은 의혹과 가능성을 함축하고 있다는 것만으로도 이 제목은 시적인 성공을 거두고 있다.

왜냐하면 세상의 언어는 문자와 사물이 1:1의 관계다. 사과라는 문자의 내용은 바로 사과라는 실제 과실이어야 한다. 그러나 시의 언어는 사과가 사랑일수도 있고 연인일 수도 희망일 수도 있다. 이를 외연적 언어와 내포적 언어, 사전적 의미와 함축적 의미 등으로 설명하게 되는데 이번 임 시인의 시 “아직도 못 다한 말”에는 바로 시가 요구하는 이 내포적 의미, 또는 함축적 의미를 풍부하게 갖고 있기 때문이다.

인간은 자신을 표현하는 언어가 가장 확실한 소통의 무기라고 생각하지만 실제는 자신의 진실이 잘 전달되지 않는 안타까움이 있다. 그것은 불완전한 언어의 한계성일수도 있지만 차마 드러내지 못하는 자신의 심리적 환경적 요인도 있을 수 있다. 이러한 사실은 시인뿐만 아니라 일반인들에게도 있는 공통되는 문제다. 바로 여기에 이번 시집 제목이 독자와의 깊은 공감성을 확보하고 있는 것이다.

이 시에서 시적 화자는 누구에게 말을 전하고자 한 것인가. 첫 연을 보면 그 첫 번째 대상은 ‘밤하늘 달님’이다. 그토록 오랜 세월 ‘달님’에게 말을 전하고 싶었던 것이다. 둘째 연에서 ‘슬픈 그대’라 했는데 그도 역시 달을 의인화 한 것이다. 그렇다면 이 시인이 말을 전하고 싶은 대상은 ‘달’이다. 그렇다면 달은 이 시인이 갈망하는 상상력의 궁극적인 메타포다. 따라서 달은 정말 연인일수도 있지만 그가 추구하는 진실의 세계, 시를 통해 드러내고 자 하는 목표, 동경하는 모든 욕망의 이미지가 된다. 그래서인지 그의 시에는 유독 달 이미지가 많다. 다음 몇 작품을 보자.

환상의 소녀가
달빛 타고 와
꽃향기 달콤한 속삭임 같이

가득히 채워진
보름달은
갓 핀 봄꽃
한 아름 안겨준 사랑이였네

-「달빛 꽃 사랑」에서

해님 얼굴은
뜨거운 마음인데
쳐다볼 수 없어
가까이 갈수 없지만
널 볼 수 있는 시간은
구름 속에 숨어 있을 동안
둥근 모습 이란 걸 알았지

달님은
천의 얼굴로
차가운 표정이지만
만나볼 수 있어 정감이 든다
꿈을 갖은
계수나무 토끼 한 마리는
시인의 메카(mecca) 이기에

-「해와 달」에서

높게 뜬 초승달
침실 창문에 스며들 때
잠자리 어슴푸레 밝혀주고

고요한 달빛에
님 그리워 가슴 설레면
잠을 멈추게 한다

어둠속 헤맨 방황
연민이 밀물처럼 밀려오고
어느새 베갯잇 눈물에 젖어
칠십년 세월 한이 서리는데

-「초승 달」에서

차가운 얼굴로
언제나 냉정하던 네가
창문을 뚫고 몰래 들어와
잠든 나를 포옹하고 있었네

단꿈에서 깨어난
난
마치 화로(火爐) 불 같은
너의 따스함을 느꼈다

보름 만에 나타나
미소 띤 얼굴로
눈썹 만 그리다가
만삭(滿朔)이 되면
부끄러워 몰래 숨던 너

언젠가
이런 말 하고 싶었지
"널 사랑 한다"고

-「달 빛」 전문

시적 화자에게 있어서 달은 바로 꽃이고 사랑이다. 「달빛 꽃 사랑」을 보면 달빛은 창가에 들려주는 귓속말이고, 부드러운 음성이고 옛 이야기이고, 환상의 소녀이고, 꽃향기이고, 그래서 보름달은 봄꽃으로 사랑으로 잉태된다는 신비로운 달빛의 창조성을 보여주고 있다. 「해와 달」에서도 해보다 달에게 친근감을 느끼며 계수나무 같은 상상력의 원천이기에 오히려 달은 시로 창조하는 원천이 된다. 「초승달」을 보면 달과 시적 화자는 서로가 애무하며 뜨거운 사랑을 느끼는 관계다. 그만큼 임 시인에게 있어서 달은 시의 원천이고 인생의 의미이고, 유일하게 사랑을 느낄 수 있는 대상이다. 그러니 널 사랑한다고 말하고 싶은 것이다. 그러나 아직은 솔직하게 말하지 못했다. 그 미완에서 완성을 향해 가려는 것이 그의 시이고, 그의 인생이고, 시인인 이유가 된다.

이번 시집의 두 번째 주제는 '너와 나의 계절'이다. 시는 인생과 자연의 노래라고 했다. 그런데 자연이나 인생은 모두 시간이라는 열차 속에 존재한다. 그리고 시간이라는 열차는 물리적인 우주적 시간도 있지만 계절적인 시간, 심리적인 시간, 역사적인 시간도 있다., 그리고 그러한 시간의 인식은 바로 변화하는 존재에 대한 자각일 수도 있다. 따라서 시간을 의식하는 것은 존재 자각이며, 자기 정체성에 대한 확인이며, 본질에 대한 끝없는 연민일 수 있다. 「환절기」라는 시에서 그는 시간의 의미를 이렇게 노래하고 있다.

창문을 열면
햇살이 다르고
바람이 다르고
산이 다르다

눈을 뜨면
사람이 변하고
마음이 변하고
의상이 변 한다

계절이 가면
꽃잎이 바뀌고
색깔이 바뀌고
입맛이 바뀐 다

바람이 불면
하늘이 다르고
바다가 변하고
세상이 바뀐다

–「환절기」 전문

세상은 시간을 시계에서 찾지만 사실 시간이란 볼 수도 만질 수도 없는 우주의 질서이고 관념적 삶의 실존이다. 생명이 없는 사물들은 시간과 무관하다. 문제는 생명이 있는 존재, 그것도 의식이 있는 인간존재만이 시간에 대한 치열함을 갖는다. 시간이란 무엇인가. 그것은 앞서 말했듯이 변화에 대한 의식이다. 임 시인은 시간을 환절기에서 찾고 있다. 환절기란 시간은 창을 열 때마다 햇살이 다르고, 바람이 다르고 산이 다른 데서 찾는다. 이것이 일반인과 임 시인의 시간의식의 차이다.

그리고 이러한 환절기의 시간의식은 구체적인 사계로 확산되는데 문제는 봄, 여름, 가을, 겨울이란 이 계절적 변화현상을 시인은 어떻게 이해하고 새롭게 해석하느냐에 따라 시인의 인생관이나 세계관도 다르게 조명된다. 임 시인은 이번 시집에서 유독 봄과 가을이 보다 많은 비중을 갖고 있다. 봄은 소생이고 가을은 쇠락이다. 봄은 희망이고 가을은 절망이다. 무성한 여름이나 죽음의 겨울보다는 생명의 탄생과 풍요로운 결실에 대한 인생철학이 강하게 작용한 것이 아닐까. 다음 몇 작품을 보자.

지난겨울
하얀 설의(雪衣)덮고
죽은 듯 잠든 모습
애처롭다 했는데

포근한 햇살에
봄 처녀
얼굴에 연지 바르고
방긋 웃는 동백꽃이여

-「동백꽃 몽우리」에서

입춘에 남아 얼룩진
하얀 눈보라 바람결
숨바꼭질 아기 눈
잠이 들어버렸네

포근한 햇살 앉고
아지랑이 봄 오면

빨간 입술 달고
너의 이름 지어 줄 거야

-「무명초(無名草)」에서

꽃 잔치 가을날
잠자리도 초청받아
뮤지컬에 합주 한다

초대받은 관중은
언덕에 서서
햇살조명 받는
오케스트라에 홀린 듯
넋이 빠져있었다

-「들꽃 핀 언덕에 서서」에서

산들바람 불어오면
붉은 치마 갈아입고
풋과일 익는 소리에
단풍잎 곱게 물 드려
꽃가마 타고
가을은 그렇게 시집 가버린다

떠날 때
목메어 울던 바람
비단옷 마님 모시고가네

-「가을은 꽃가마 타고」에서

임 시인의 봄은 겨울의 죽음을 이기고 부활하는 봄이고 「동백꽃 몽우리」를 보면 겨울의 설의를 덮고 죽었던 생명이 봄 햇살이라는 동백꽃을 봄처녀 얼굴의 연지로 메타포 하면서 생동하는 봄을 노래하는 것이다. 특히

「무명초」는 동시처럼 순수한 감정의 노래인데 봄이 오면 "빨간 입술 달고/ 너의 이름 지어 줄 거야"가 일품이다.

한편 여름보다 가을을 소재로 한 작품들이 많은데 그의 가을은 쇠락의 쓸쓸한 가을보다 풍요롭고 화려한 가을이다. 「들꽃 핀 언덕에서 서서」를 보면 가을을 황홀한 오케스트라로 표현하고 있다. 이는 「가을은 꽃가마 타고」에서도 그렇다. 따라서 그의 계절은 생명력이 있고 풍요가 있고 환희가 있다.

'제 3부 아이비 넝쿨'에서는 주체적 삶의 강인한 의지가 돋보이는 시들이다.

담벼락에 붙은
너의 악착스러움이
삶의 진실을 남겼다

실핏줄 같은
가냘픈 몸으로
겨울암벽에 등반하는 너
인내를 배웠다

죽은 듯 고집부리며
더부살이 몇몇 해 인가
삶의 애착을 느꼈다

바람 불고 찬 서리 내려도
울타리 넘어
창가에 노래 소리 들으며
나 여기에 살리라

- 「아이비 넝쿨」 전문

슬픔과 기쁨의 파도
너울대는 바다
운명의 쪽배타고

사랑과 미움의 세월
흘러가는 구름
산 넘고 강을 건너

아픔과 고통의 시련
스쳐가는 바람
꽃잎은 떨어지고

인생과 인간의 모습
얼굴 없는 가면
선악의 장난 이었다

-「삶」 전문

상처로
외롭고
힘이 드는 삶

별들이 속삭이고
해와 달이
숨바꼭질 하며
구름타고 세월 보내면

어느새
황혼이 빨갛게 물든
강가에
갈대꽃 핍니다

-「이것으로 행복을」에서

담벼락에 붙은 「아비비 넝쿨」을 보면 끈질긴 생명력의 화신처럼 우리를 감동시킨다. 그것은 바로 우리가 배워야할 교훈이기도 하지만 또 그렇게 악착같은 많은 삶들도 있다. 시적 화자는 그러한 아이비 넝쿨에서 시인의 자화상을 본다. "죽은 듯 고집부리며/ 더부살이 몇몇 해인가" 공감이 되는 구절이다. 그런데 그처럼 강인한 삶에서도 창가에 노래 소리를 들으며 살겠다는 여유를 보인다. 고통을 노래로 승화시키는 긍정의 삶이다. 결국 「삶」이란 무엇인가. 슬픔은 기쁨의 파도타기다. 사랑과 미움의 산과 강을 건너는 것이고 아픔과 고통을 견뎌가는 과정이다. 그래서 인생이란 얼굴 없는 가면놀이다. 그러나 결코 인생이 불행한 것만은 아니다. 「이것으로 행복」에서 보듯이 비록 상처로 외롭고 힘이 들어도 해와 달처럼 숨바꼭질하며 구름타고 세월 보내면 황혼의 강가엔 갈대꽃이 피는 것이 인생이라는 여유로움을 보이고 있는 것이다.

임 시인의 이번 시집이 보여주는 네 번째 주제는 고향의 노래다. 고향이란 내가 성장한 육신적 고향, 그리고 정신적 정서적 고향이 있다. 육신적 고향은 좁게는 출생지이기도 하지만 넓게는 자신이 태어난 조국산하가 다 나를 만들어 준 고향이다. 그리고 정신적 고향이나 정서적 고향은 바로 부모형제, 가족 친지 교육적 환경 등 성장 환경의 고향이다.

이번 시집 '제 4부 한강대교'는 바로 인간적인 고향인 조국 산하에 대한 노래다. 한강, 서울, 그리고 전국의 산하, 역사적 고장 등을 두루 순례하면서 정신적 역사적 고향을 확인한다.

서강에 노을 질 무렵
백합 꽃송이 가로등
미라보 다리에 비련의 눈을 녹이고

별빛만 고요히
강물에 젖은 밤
하늘 따라
사랑 따라
걷고 싶은 그 다리

－「한강대교」에서

녹색 원피스 의상
회색 하이힐 걸음마
우산 없이 비에 젖는 다

후줄근하게 붙어버린 속살
운무가 씻겨간 뒤
주황빛 하혈을 시작 한다
토사는 무릎을 덮치고

만삭의 여인
녹색 망사에 속살이 삐진
허리에 붉게 핀 꽃무늬
명인의 땀이 배여난 수 솜씨
장인(匠人)의 디자인이 다채로워

－「도시 개발」에서

꼬부랑길 따라
파란하늘 흰 구름

쪽빛 바다
초록빛이 검푸른 먼 섬
끝 아닌 끝

산하는 옹기종기
눈앞에 점선으로 그려 놓고

사이 길 하얀 여객선
이정표 없는 거리
너울대는 파도가 눈부시다

땅 끝 바다
역사의 유배지 뱃길
석양빛 잠길 때
해무는 하얗게 피어 오른 다

-「땅 끝 마을」 전문

여명이 트면
자비의 얼굴에
햇살의 잔물결 너울대는
신라 예술의 극치

숲속의 가을바람
불어올 때면
나뭇잎 하늘 보며
긴 세월 흘러온 역사를 읽는다,

-「석굴암」 에서

시인은 「한강대교」 에서 아폴리네르의 시 "미라보 다리에 세느강은 흐르고 우리의 사랑도 흘러 내린다"는 시구를 생각하면서 비련의 한강 다리도 "별빛만 고요히/ 강물에 젖는 밤/ 하늘 따라/ 사랑 따라/ 걷고 싶은 그

다리"를 낭만적으로 꿈꾸어 본다. 「도시개발」에서는 매우 비판적인 시각이다. 한 마디로 도시는 숲 속을 덮쳤다는 시각이다. 그러나 다시 「땅 끝 마을」에서는 조국 산하의 미적 감성을 여지없이 드러내고 있다. 「석굴암」에서는 찬란한 역사의 숨결을 느낀다.

그리고는 제 5부에 이르러 마음의 고향, 개인적인 고향인 어머니, 가족, 그리고 소꼽친구의 유년을 돌아보며 과거의 시간과 공간에서 현재를 본다.

무심한 세월은
푸르다가 희고
흐르다가 마른
갈대꽃 핀 개울가 모래밭

이제 봄은 가고
여름이 오면
장마 비 소리
어머님 목소리

-「어머니 음성」에서

코스모스 붉게 핀
도랑가
잠자리 떼 춤추면 그리운 친구

개구쟁이 코흘리개
바지랑대 타고 골목 휩쓸던 시절

초승달 띄운 밤
너의 미소 그리운 하늘
울타리 주황빛 감 물들면

아련히 떠오르는 너와 나의 추억

– 「그리운 친구」에서

시인은 어머니의 지극한 정성과 사랑을 회상하면서 그의 음성을 이제는 여름날 장마 비 소리에서 듣고 있다. 육신의 어머니는 가셨지만 마음의 어머니는 비가 되어 여전히 우리의 가슴을 적시는 것이다. 마음의 고향에서 가장 두드러지는 기억은 역시 어린 시절의 친구들이다. 「그리운 친구」에서 보듯이 코스모스, 도랑가, 잠자리, 바지랑대, 감, 그리고 초승달 모두가 아련한 추억의 소도구들이다. 이러한 기억의 잔상들이 오늘의 나를 만든 것이고 오늘의 나를 행복하게 하는 것이다.

이처럼 임갑빈 시인의 두 번째 시집 『아직도 못 다 한 말』은 자신의 진심이 분명하게 소통되는 아름다운 세상이다. 세상은 저마다 아집의 성을 쌓고 칩거한다. 세속의 미망에서 부질없이 방황하다 시들어 버리는 것이 덧없는 인생이다. 그러나 임 시인은 단연코 이를 거부한다. 그래서 아직도 못다 한 말을 시적 화두로 세우고 자연과 인생과 고향이라는 뿌리를 찾아서 기필코 이를 드러내리라는 아름다운 꿈을 키우며 그의 후반의 삶을 의미 있고 풍요롭게 꽃 피워 가고 있는 것이다.

임갑빈 제 2시집

아직도 못 다한 말

2015년 4월 10일 인쇄
2015년 4월 15일 발행

지은이 임 갑 빈
펴낸이 신 용 호
펴낸곳 창조문학사

서울 서대문구 홍은동 397-26 동천아카데미 5층
등록번호 제1-263호
전화 374-9011, Fax 374-5217
공급처 한국출판협동조합 전화 716-5616~9

저자와 협의에 의해 인지를 생략합니다.
파본은 바꾸어 드립니다.
값 10,000원
ISBN 978-89-7734-378-8